다같이하자
환경 지킴이

교과연계	
1학년 1학기 국어1-나	8. 겪은 일을 써요
1학년 1학기 통합교과 학교1	1. 우리는 친구
2학년 1학기 통합교과 나1	2. 나의 꿈
2학년 2학기 통합교과 봄2	2. 봄나들이
3학년 1학기 국어	1. 감동의 물결
3학년 2학기 도덕	3. 함께 어울려 살아요

글 장지혜
1973년 서울에서 태어났다. 광고 회사에서 카피라이터로 일했고,
온라인 커뮤니티 《어린이 책을 만드는 사람들》의 '동화창작모둠'에서 공부했다.
2008년 5·18 문예공모 동화 부문에 당선되었으며, 인하대학교 대학원 한국학과에서
아동문학을 공부했다. 제20회 MBC 창작동화 대상을 받았다.
지은 작품으로는 《내 이름은 블루샤크》《할머니는 왕 스피커》《사자성어 폰의 비밀》 등이 있다.

그림 유경화
시각디자인학과를 졸업했다. 학교 신문사에서 일러스트부 기자로 일했고,
학교를 졸업한 뒤 출판사에서 어린이책을 만들었으며 지금은 프리랜서 일러스트레이터로 그림을 그리고 있다.
그린 책으로는 《13살, 내 꿈을 잡아라 – 적성편》《지도그림책 우리나라》《아이스크림은 어디에서 왔을까?》
《내가 세계 최고》《그림이 톡, 생각이 아하》《땅은 소중한 선물》 등이 있다.

다같이하자

환경 지킴이

장지혜 글 | 유경화 그림

주니어김영사

나는 아침 일찍 일어나서 학교에 갑니다.
후드득 후드득 집을 나서자마자
굵은 빗방울이 떨어집니다.
아프리카에 있는 마룬다는 무엇을 하고 있을까요?

나는 지난 여름방학에 아빠와 아프리카 케냐에 갔다 왔어요.
아프리카는 내가 생각한 모습과 많이 달랐어요.
오랫동안 비가 내리지 않아 땅이 쩍쩍 갈라졌고
갈비뼈가 드러날 정도로 야윈 아이들이 많이 있었어요.
참, 그런데 마룬다가 누구냐고요?

마룬다는 아홉 살 난 남자아이예요.
그 아이는 날마다 물을 길으러 3킬로미터나 되는 거리를 걸어요.
웅덩이에 고인 물을 통에 담아 머리에 이고는
다시 그만큼을 되돌아오지요.
발에 상처가 나고 배도 고프지만 단 하루도 안 갈 수가 없대요.
그래야 집에 있는 동생들에게 물을 줄 수 있으니까요.

아빠와 함께 아프리카에 간 봉사팀 언니, 오빠들은
내가 제일 어린 봉사자라고 칭찬해 주었어요.

우리가 도착해서 처음 한 일은 나무 심기였어요.
아빠에게 나무 심는 것을 배우고 있을 때였어요.
한 아이가 다가오더니 하얀 이를 드러내며 웃었어요.
"아빠, 쟤가 왜 날 보고 웃어?"
나는 부끄러워서 아빠 뒤로 숨었어요.
그러자 아프리카 말을 아는 아빠가 마룬다의 말을 전해 주었어요.
"너처럼 예쁜 여자아이는 처음 본대."

말은 통하지 않았지만 나이가 같아서 우리는 금방 친해졌어요.
마룬다는 몸집이 작았지만 나보다 훨씬 빨리 나무를 심었어요.
"내 꿈은 나중에 왕가리 마타이처럼 되는 거야."
"왕가리 마타이?"
"응, 나무들의 어머니야. 아프리카의 푸른 숲을 되살려서 큰 상을 받았어."

왕가리 마타이는 그린벨트 운동의 창시자로,
케냐 출신의 여성 환경 운동가이자 인권 운동가입니다.
심한 벌목으로 훼손된 아프리카 밀림을 되찾으려는 동시에
가난한 여성들에게 일자리를 주자는 목적으로 나무 심기 운동을 벌였어요.
왕가리 마타이는 아프리카에 무려 3000만 그루가 넘는 나무들을 심었어요.
2004년에 아프리카 여성 최초로 노벨평화상을 수상했어요.

날마다 맨발로 다니느라 마룬다의 발은 항상 상처투성이였어요.
아프리카를 떠나는 날, 나는 신고 있던 신발을 벗어 마룬다에게 내밀었어요.
"신발을 주면 넌 공항까지 어떻게 갈 건데?"
아빠가 놀라서 물었어요.
"이렇게 가면 되지."
내가 그 자리에서 깡충깡충 뛰자 아빠는 웃으며
마룬다에게 무어라 말했어요.
곧이어 마룬다는 조심스럽게 내 신발을 신었어요.
"와, 너 분홍색도 잘 어울린다!"
내 말뜻을 알아들은 것처럼 마룬다는
수줍은 얼굴로 머리를 긁적였어요.

다음 날 나는 한국으로 돌아왔지만 아빠는
아프리카에 조금 더 머물기로 했어요.
집으로 돌아오고 나서도 자꾸 마룬다 생각이 났어요.
수돗물을 틀거나 양치질을 할 때, 세수를 하거나
냉장고에서 물을 꺼내 마실 때면
마룬다의 다친 발이 떠올랐어요.

다 같이 하자, 물 절약!

우리는 하루 동안 약 80리터의 물을 사용합니다.
하지만 아프리카 사람들은 평균 14리터의 물로 살아간다고 해요.
물이 부족해 나뭇가지로 이를 닦거나
목마름을 참으려고 조약돌을 빨면서 지내기도 합니다.

양치질을 하기 전에
컵에 미리 물을 받아 놓아요.

샤워 시간은 최대한 짧게 줄이고
목욕물은 조금만 받아요.

수도꼭지가 제대로 잠겨 있는지
항상 확인해요.

"단비야, 너 진짜 아프리카에 다녀온 거야?"
학교에 가자 민주가 놀란 얼굴로 물었어요.
"응. 아프리카에서 봉사 활동을 하고 왔어!"
나는 자랑스럽게 대답했어요.
그때 세찬이가 끼어들었어요.
"그래서 오단비 다리가 코끼리 다리처럼 굵어졌구나."
나는 세찬이 말에 기분이 나빠졌어요.
"치, 다시는 학교에 치마 안 입고 올 거야."

여름방학이 끝났는데도 날씨는 여전히 더웠어요.
"선생님, 에어컨 좀 세게 틀면 안 돼요?"
세찬이가 손을 번쩍 들고 물었어요.
아이들은 너도나도 손부채질을 하느라 바빴어요.
"그건 안 돼!"
나는 자리에서 벌떡 일어나 소리쳤어요.
선생님과 아이들은 놀란 얼굴로 나를 쳐다보았어요.

다 같이 하자, 에너지 절약!

사람들은 점점 뜨거워지는 여름 날씨 때문에 에어컨을 자주 사용해요.
에어컨에서 나오는 프레온가스는 지구 오존층에 구멍을 만들어
지구온난화(지구의 기온이 높아지는 현상)가 더 심해지게 해요.
지구온난화가 심해지면 지구 곳곳에 가뭄이나 폭우가 많이 생겨요.

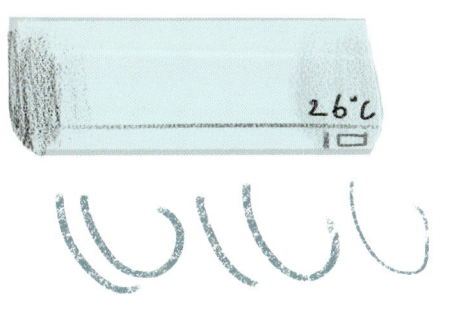

여름철 방 안 온도는 26℃~28℃가 적당해요.

옷을 얇게 입어요.

시원한 물을 자주 마셔요.

부채를 들고 다니며 친구들과 서로 부채질을 해 줘요.

미술 시간이 되자 선생님이 방학 숙제를 내라고 했어요.
이번 과제는 '재활용품으로 미술 작품 만들기'였어요.
"와, 민주는 컵라면 용기로 장구를 만들었구나."
스티로폼 컵라면 통 두 개를 마주 붙여서 빨간색으로 칠한
장구는 꽤 멋스러웠어요.
"세찬아, 넌 뭘 만든 거니?"

"우유갑으로 로봇을 만들었어요.
그런데 윽! 아직도 우유 썩는 냄새가 나요."
세찬이는 얼굴을 찡그리며 투덜거렸어요.
"그러니까 우유갑을 깨끗이 씻어서
말린 다음에 만들어야지."

"어? 단비는 화분을 가져왔구나?"
내 차례가 되자 나는 작은 화분을 선생님에게 내밀었어요.
반으로 자른 페트병 바닥에 구멍을 뚫어 물이 빠지게 만든 다음,
겉면에 종이를 붙이고 아프리카에서 본 동물과 친구들의 모습을 그렸어요.
"그런데 왜 화분 이름이 마룬다니?"
선생님이 화분에 붙인 종이를 보고 물었어요.
"마룬다는 아프리카에서 만난 친구예요."
"그러면 이건 단비에게 특별한 나무네. 죽지 않게 정성껏 키우렴."
선생님은 여름방학 과제 전시가 끝날 때까지 화분을 교실에 두자고 했어요.

다 같이 하자, 재활용!

다 쓴 물건을 버리지 말고 재활용해 보세요. 예쁜 물건으로
새롭게 만들어 사용하면 쓰레기를 버리지 않아도 돼요.
재활용품을 버릴 때는 반드시 분리 수거를 하세요. 분리 수거만 제대로 해도
쓰레기 처리 과정에서 발생하는 나쁜 가스를 줄일 수 있어요.

공책, 종이, 종이 상자, 종이컵 등
종이류를 한데 모아 묶어 버려요.
신문과 우유갑은 따로 모아 재활용하기도 해요.

페트병, 플라스틱 용기 등은
내용물을 비우고 물로 깨끗하게 헹궈요.
종이 상표를 떼어 버리고
납작하게 눌러 플라스틱류 쓰레기통에 버려요.

유리병은 물로 깨끗이 씻어 모아요.
병 뚜껑은 따로 모아 고철류 쓰레기통에 넣어요.
유리병은 산 곳에 되팔 수 있어요.

야호, 개학 첫날은 급식만 먹고 집에 간대요.
나는 신이 나서 민주랑 급식실로 달려가 줄을 섰어요.
맨 앞에 선 세찬이는 좋아하는 돈가스가 나왔다며 쩝쩝 입맛을 다셨어요.
"더 주세요!"
세찬이가 식판을 앞으로 내밀자 급식사 아주머니가
두툼한 돈가스를 두 조각이나 더 주었어요.
"너도 많이 줄까?"
아주머니가 내게 물었어요.
"네!"
내가 큰 소리로 대답하자, 아주머니는 밥 위에
카레를 듬뿍 끼얹었어요.
"오단비, 돈가스는 내가 더 많다!"
세찬이가 자랑했어요.
"나도 돈가스 좀 더 주지. 카레만 잔뜩 주고!"
하지만 나는 반도 못 먹고 숟가락을 내려놓았어요.

"단비야, 그렇게 많이 남기면 칭찬 스티커 못 받아."
민주가 걱정스러운 얼굴로 말했어요.
하지만 칭찬 스티커 때문에 억지로 먹고 싶지는 않았어요.
급식실 구석에 있는 음식물 통에 음식물 쓰레기가 잔뜩 쌓였어요.
어떤 친구는 살을 빼야 한다며 담아 온 음식을 대부분 버렸어요.
또 어떤 일 학년 아이는 김치를 하나도 먹지 않았어요.
음식물 쓰레기를 보니 왠지 마룬다에게 미안했어요.

다 같이 줄이자, 음식물 쓰레기!

우리나라는 음식물 쓰레기가 많이 나오는 나라 중의 하나입니다.
음식물 쓰레기가 썩으면 메탄가스가 나와요. 메탄가스도 오존층을 파괴해
지구온난화의 원인이 되지요. 때때로 음식물 쓰레기를 소각장에서 태울 때에도
다이옥신 등의 나쁜 가스가 나와 환경에 나쁜 영향을 줘요.
굶주리는 친구들을 생각하며 음식을 먹을 만큼만 가져오고
남기지 않는 습관을 길러 보세요.

학교에서 돌아와 엄마와 마트에 갔어요.
엄마는 비 오는 날을 빼고는 자전거를 타고 다녀요.
맑은 날에 엄마와 함께 거리를 달리면 기분이 정말 좋아요.
어느새 엄마 이마에 송골송골 땀이 맺혔어요.
'다른 사람들도 자동차 대신 자전거를 타고 다니면
공기가 깨끗해질 텐데……'
그러면 하늘도 기분이 좋아져서 마룬다가 사는 마을에
비구름을 보내 주지 않을까요?

마트에는 물건들이 아주 많아요.
엄마는 수첩에 적힌 대로 유기농 채소와 무농약 과일,
첨가물을 넣지 않은 음료수, 누런색 휴지를 카트 안에 담았어요.
"엄마, 이 휴지 색깔은 왜 이래요?"
"신문이나 잡지로 쓰던 종이를 재활용해서 만든 거라 그래.
하얗게 보이게 하는 표백제와 형광 물질을 사용하지 않아서
색깔이 이런 거야."
"그러면 이 색은 환경을 지키는 색이네요."
"맞아. 재생지를 쓰면 나무와 환경을 보호할 수 있어."
나는 재생지 휴지를 카트 안에 다섯 개나 넣었어요.
엄마와 나는 비닐봉지 대신 집에서 가져온
천 가방에 물건들을 담았어요.

집에 돌아오니 오빠가 텔레비전을 보고 있었어요.
그런데 책상 위에 있는 컴퓨터와 스탠드가 환하게 켜져 있었어요.
오빠는 온종일 컴퓨터를 켜 놓을 때가 많아요. 나는 컴퓨터
전원을 끄고 안 쓰는 전기 코드를 모두 뽑았어요.
"너 지금 뭐하는 거야?"
오빠가 눈을 치켜뜨고 물었어요. 으악! 이러다 오빠랑 한바탕
싸움을 벌일 것 같아요.

다 같이 하자, 에너지 절약!

냉장고에 물건을 가득 넣지 말고
문을 자주 여닫지 마세요.

백열등과 형광등을 LED 등으로 바꿔요.

컴퓨터 게임 시간을 줄이고
컴퓨터를 안 쓸 때는 전기 코드를 빼요.

"마룬다! 너도 가끔 동생들이랑 싸우니?"
나는 사진 속의 마룬다에게 물었어요.
그날 밤 나는 마룬다가 나오는 꿈을 꾸었어요.
태양이 쨍쨍 내리쬐는 오후,
분홍색 신발을 신은 마룬다가 걸어가고 있어요.
갑자기 커다란 코끼리 한 마리가 나타나
긴 코로 물을 뿜어내기 시작했어요.
물이 분수처럼 뿜어 나오자 마룬다는
기뻐하며 활짝 웃었어요.

"마룬다가 아프다는구나!"
며칠 뒤 엄마가 컴퓨터를 보면서 걱정스러운 얼굴로 말했어요.
"아빠가 메일을 보내 왔는데 마룬다가 쓰러졌대."
나는 깜짝 놀라서 컴퓨터 앞으로 달려갔어요.
"잘 먹지도 못한 데다 더러운 물까지 마셔서 약해졌을 거야.
그 마을에 하루빨리 우물이 생겨야 할 텐데……."
아빠가 보낸 메일에는 안 좋은 소식이 많았어요.
비가 내리지 않아서 농작물이 잘 자라지 않고, 야생 동물들이 죽고
사람들도 병에 걸려 아프대요.

다 같이 참여해요, 우물 만들기!

아프리카의 가난한 마을에서는 물이 부족해 흙탕물을 마셔요.
하루에 약 6000여 명의 친구들이 오염된 물을 마셔서 생명을 잃는다고 해요.
매달 용돈을 조금씩 모아 우물 만드는 데 쓰이도록 보내면 어떨까요?

우물이 생기면 친구들의 건강을 지킬 수 있어요.

친구들이 마룬다처럼 물을 길으러 가지 않고 학교에서 공부할 수 있어요.

사람들이 먹을 농작물을 건강하게 키울 수 있어요.

다음 날, 학교에 가자마자 마룬다 화분에 물을 주었어요.
어쩐지 마룬다 나무도 시들시들 기운이 없어 보였어요.
그때 세찬이가 친구들과 시끄럽게 떠들면서 교실로 들어왔어요.
"야, 김세찬! 좀 조용히 해!"
민주가 귀를 막고 소리를 질렀어요.
그런데 세찬이가 친구들이랑 장난을 치다가 그만
창가에 있던 마룬다 화분을 떨어뜨리고 말았어요.
"어떡해, 내 화분!"
마룬다 나무의 흙이 다 쏟아져 뿌리까지 드러났어요.

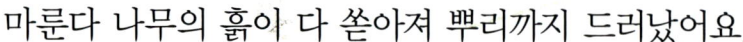

나는 마룬다 나무를 집에 가져와 더 큰 화분에 옮겨 심었어요.
하지만 나무는 점점 누렇게 시들어 갔어요.
아빠는 바쁜지 엄마와 내가 메일을 써도
답장을 보내지 않았어요.
"아프리카는 인터넷이 잘 안되나 보구나."
엄마는 아빠 걱정에 한숨을 푹 쉬었어요.
"단비야, 이 나무는 아무래도 죽으려나 보다."
엄마는 생기 없이 시든 마룬다 나무를
보면서 말했어요.

"마룬다 나무야, 죽은 거 아니지?"
나는 마룬다 화분을 안고 눈을 감았어요.
'네가 쑥쑥 자라 어른 나무가 되면 다시 아프리카로 가져가서
마룬다에게 널 자랑할 거야. 그때쯤이면 마룬다와 함께 심은
나무들도 많이 자라 있겠지? 그러면 숲속에서 마룬다와
숨바꼭질도 하고 술래잡기도 해야지.'

"단비야, 아빠한테 메일 왔어!"
갑자기 엄마가 큰 소리로 외쳤어요.
나는 거실로 후닥닥 뛰어 나가 컴퓨터 앞에 앉았어요.
야호! 마룬다가 다 나았어요.
다시 학교에 나갈 수 있게 되었고요.
마룬다는 수업을 마치면 여전히 물을 뜨러 먼 길을 걸어가야 하지만
며칠 사이에 마룬다네 마을에 비가 두 번이나 내렸대요.
마을 사람들은 신이 나서 입을 벌려 빗물을 마셨대요.
두 손을 벌려 하늘에 감사하고 다 같이 춤을 추고 노래를 불렀대요.

오늘은 학교 운동장을 청소하는 날이에요.
"오단비가 아프리카에 다녀오더니 좀 이상해졌어."
세찬이가 속닥이는 소리가 들렸지만
나는 아랑곳하지 않고 부지런히 쓰레기를 주웠어요.
"오단비, 쓰레기 줍는 게 그렇게 재밌냐?"
세찬이가 다가와서 물었어요.
"그래, 무지 재밌다! 너도 해 볼래?"
"뭘 해 봐?"
민주가 끼어들었어요.
"쓰레기 줍기 게임! 땅 속에서 썩는 시간이 가장 오래 걸리는
쓰레기를 주운 사람이 이기는 거야."
게임이라는 말에 민주와 세찬이는 냉큼 하겠다고 했어요.

잠시 후 우리는 쓰레기를 들고 모였어요.
나는 운동화 한 짝과 수박 껍질을 주웠어요.
민주는 빈 우유갑 세 개를 주워 왔어요.
곧이어 세찬이가 빈 유리병 한 개를 들고 헐레벌떡 달려왔어요.
"에계계, 너는 달랑 그거 하나야?"
민주는 세찬이를 보며 혀를 끌끌 찼어요.
"아니야, 세찬이가 이겼어. 유리병은 썩는 데 1000만 년 이상이 걸리거든!"
"뭐? 1000만 년?"
민주와 세찬이가 놀라서 소리쳤어요.

다 같이 줄이자, 일회용 쓰레기!

1000만 년	
500년	
100년	
80년	
50년	
20년	
5년	

유리병 / 알루미늄 캔 스티로폼 / 일회용 기저귀 / 플라스틱 용기 / 일회용 컵 나무젓가락 / 우유갑

개인 컵을 들고 다녀요.

물건을 아껴 써요.

캔 음료수를 많이 먹지 마세요.

이번 여름은 무덥고 비가 많이 내렸어요.
엄마가 그러는데 우리나라의 봄과 가을이 없어질지도 모른대요.
우리가 노력하면 봄의 아지랑이와 가을바람을
지킬 수 있을까요?

마룬다 나무가 다시 무럭무럭 자라고
가을이 올 무렵 아빠가 집으로 돌아왔어요.
마룬다가 우물 옆에서 웃고 있는 사진과
꼬깃꼬깃한 편지를 갖고서 말이에요.
나는 설레는 마음으로 마룬다가 쓴
편지를 읽었어요.

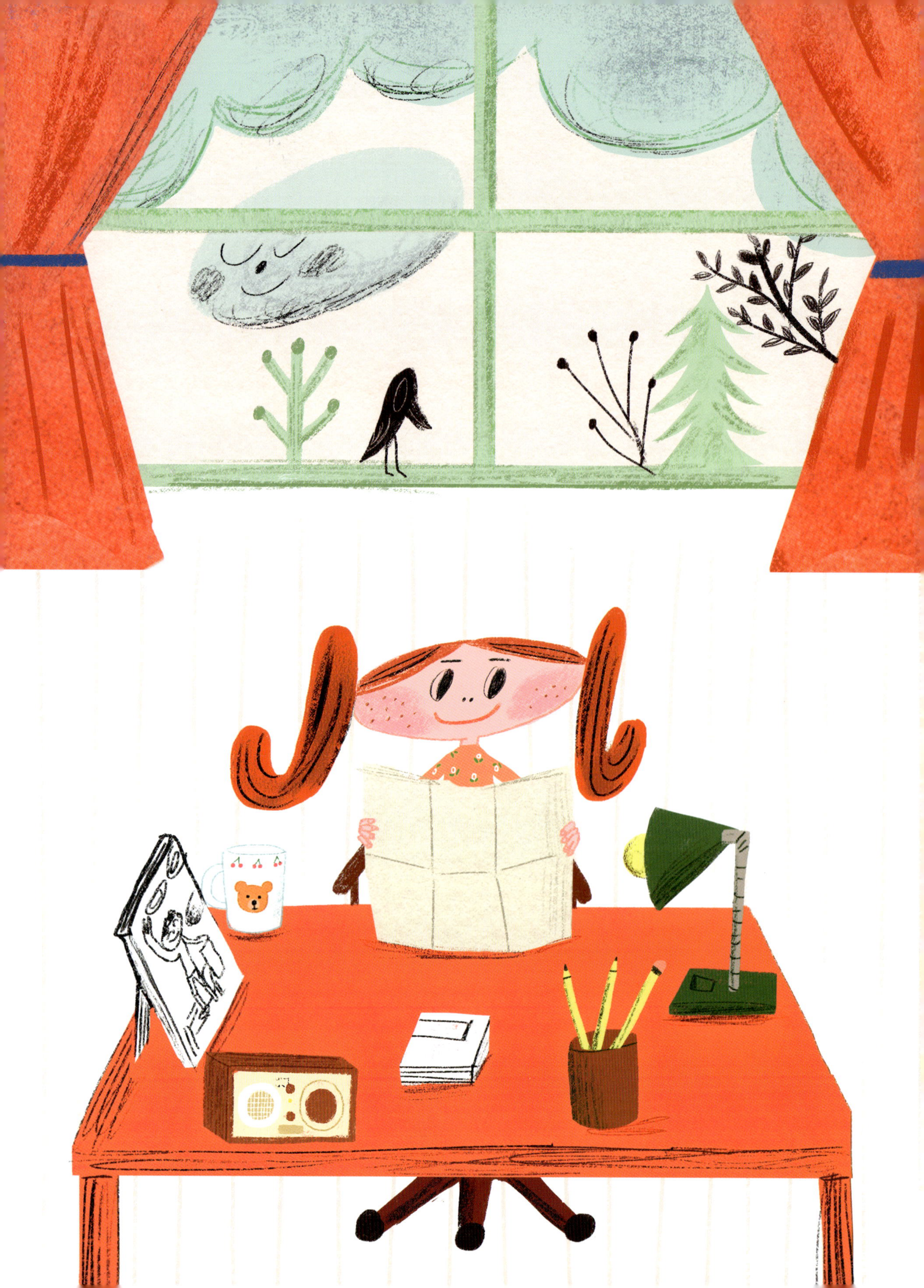

대한민국에 사는 단비에게

안녕?

우리 마을에 드디어 우물이 생겼어. 이제 물을 길으러 걸어가지 않아도 돼. 물을 마실 수 있어서 너무 좋아.

마룬다 나무는 잘 있니?

나는 아저씨를 도와 우물 파는 일을 했어.

네가 우물 만드는 데 쓰라고 용돈을 보내 줬다며?

정말 고마워.

새로 생긴 우물에 네 이름을 붙였어.

바로 단비 우물이야!

나중에 단비 우물을 보러 다시 여기로 오지 않을래?

- 마룬다

그날 밤 꿈속에서 아프리카에 놀러 갔어요.
마룬다는 못 본 사이에 키가 한 뼘이나 자랐어요.
우리는 제일 먼저 단비 우물로 달려가서 물을 마셨어요.
와, 정말 시원했어요!
마룬다와 나는 숲 속으로 달려가 손을 마주잡고
빙글빙글 돌았어요. 갑자기 하늘이 어둑해지면서
먹구름이 몰려오더니 빗방울이 뚝뚝 떨어졌어요.
우리는 비를 맞으며 신 나게 뛰어다녔어요.
"마룬다, 너는 미래의 왕가리 마타이야!"
내가 소리치자 마룬다는 소리 내어 깔깔 웃었어요.

다 같이 하자, 환경지킴이!

물 아끼는 법

양치질을 하기 전에
컵에 미리 물을 받아 놓아요.

샤워 시간은 최대한 짧게 줄이고
목욕물은 조금만 받아요.

수도꼭지가 잠겨 있는지
항상 확인해요.

쓰레기 줄이는 법

개인 컵을 들고 다녀요.

물건을 아껴 써요.

캔 음료수를 많이 먹지 마세요.

쓰레기 분리수거 하는 법

공책, 종이, 종이 상자, 종이컵 등 종이류를 한데 모아 묶어 버려요. 신문과 우유갑은 따로 모아 재활용하기도 해요.

페트병, 플라스틱 용기 등은 내용물을 비우고 물로 깨끗하게 헹군 후에 버려요.

유리병은 물로 깨끗이 씻어 모아요. 병 뚜껑은 따로 모아 고철류 쓰레기통에 넣어요.

에너지 아끼는 법

여름철 방 안 온도는
26℃~28℃가 적당해요.

옷을 얇게 입어요.

시원한 물을 자주 마셔요.

부채를 들고 다니며 친구들과
서로 부채질을 해 줘요.

냉장고에 물건을 가득 넣지 말고
문을 자주 여닫지 마세요.

백열등과 형광등을
LED 등으로 바꿔요.

컴퓨터 게임 시간을 줄이고
컴퓨터를 안 쓸 때는 전기 코드를 빼요.

환경을 지키기 위해
넌 어떤 일을 실천하고 있니?

어린이 여러분, 안녕?

단비와 마룬다의 이야기를 쓰는 동안, 나는 자전거를 타고 다녔단다. 새삼 지구한테 미안한 마음이 들었거든. 차를 타고 쌩쌩 지나갈 땐 보이지 않았던 나무들에게도 고마웠어. 우리에게 깨끗한 공기를 주니까. 숲은 계속해서 사라지고 극지방의 빙하는 녹아내리는 이때, 우리는 무엇을 해야 할까?

소중한 지구를 살리기 위해서는 이 책에 나오는 작은 습관들을 꼭 실천해야 한단다. 에너지 절약, 나무 심고 가꾸기, 자원 재활용하기 등 먼저 주변에서 할 수 있는 일부터 시작해 보렴.

이번 여름에는 전력이 부족해서 갑작스럽게 정전이 될까 봐 조마조마했지? 푹푹 찌는 무더위에도 에어컨 대신 선풍기로 여름을 보낸 친구들이 많았을 거야. 이렇게 지구 온도가 점점 올라가는 건 우리 생활에서 배출하는 온실가스 때문이라고 해. 이산화탄소와 메탄가스 같은 온실가스가 많아져서 지구가 계속 더워지면 사람뿐만 아니라 동물과 식물들도 점점 살기 힘들어질 거야.

    모든 생명이 한데 어우러져 행복하게 살아가기 위해서는 무엇보다 생활 속 작은 습관을 바꾸는 게 중요해.

    한국에 사는 단비와 아프리카 소년 마룬다가 그랬듯이 마음과 마음은 서로 통하는 법이야! 내가 먼저 환경을 지키는 작은 습관들을 실천하면 지구촌 다른 친구들도 함께 실천할 거라 믿어 보자.

    자, 그럼, 바로 이 순간부터 주인공 단비처럼 환경지킴이가 되어 볼까? 다 같이 하자, 지구를 푸르게 가꾸는 환경지킴이!

2013년 여름의 끝자락에,
'나'부터 먼저! 두 손 들고 반성하는 작가 아줌마로부터

다 같이 하자, 환경지킴이

1판 1쇄 발행 | 2013. 10. 21.
1판 8쇄 발행 | 2025. 9. 26.

장지혜 글 | 유경화 그림

발행처 김영사 | **발행인** 박강휘
편집 김지아
등록번호 제 406-2003-036호 | 등록일자 1979. 5. 17.
주소 경기도 파주시 문발로 197(우-413-120)
전화 마케팅부 031-955-3102 | 편집부 031-955-3113~20 | 팩스 031-955-3111

값은 표지에 있습니다. ISBN 978-89-349-6471-1 77300

ⓒ2013 장지혜, 유경화
이 책의 저작권은 저자에게 있습니다. 저자와 출판사의 허락 없이 내용의 일부를 인용하거나 발췌하는 것을 금합니다.

좋은 독자가 좋은 책을 만듭니다. 김영사는 독자 여러분의 의견에 항상 귀 기울이고 있습니다.
전자우편 book@gimmyoung.com | 홈페이지 www.gimmyoung.com

|어린이제품 안전특별법에 의한 표시사항| 제품명 도서 제조년월일 2025년 9월 26일
제조사명 김영사 주소 10881 경기도 파주시 문발로 197 전화번호 031-955-3100 제조국명 대한민국
사용 연령 8세 이상 ⚠주의 책 모서리에 찍히거나 책장에 베이지 않게 조심하세요.